나와 나의 동행

배명희 시집

시와
사람

ⓒ 배명희, 2025
저작권에 의해 보호를 받는 저작물이므로 출판사와 저자의 허락 없이
무단 전재와 복제를 금합니다.

나와 나의 동행

작가의 말

저는 시를 어떻게 써야하는지
사실 잘 모릅니다.
시의 대해서 제대로 배우지도 못했고
그냥 그때그때 감정을
솔직하게 글로 옮겼습니다.
이 책은 결과적으로
제가 살아온 연대기 형식으로 엮어졌습니다.
더불어 앞으로 제가 어떻게 살아가야 하는지를
비춰주는 등불로 삼겠습니다.
한 사람의 독자라도 이 책과 공감한다면
더 없는 감사와 힘이 될 것입니다.
감사합니다.

2025년 1월
배명희

나와 나의 동행 _ 차례

작가의 말 · 6

1부 할아버지의 약속

16 　홍시
17 　할아버지의 약속
18 　눈물의 김밥
19 　오빠들
20 　언니들
21 　운동화
22 　뛰어놀고 싶어요
23 　왜곡된 시선
24 　학교 가는 길
25 　별이 되고 싶어
26 　장애
27 　체육시간
28 　원망
30 　하나님 마음을 알고 싶어요
31 　통증

의미 32

2부 나는 치마를 입고 싶다

치마를 입고 싶다 34
부모님의 눈물 35
사진을 찍을 때 36
말은 쉽다 37
촛불 38
연필 39
직선 40
거울의 위로 41
계단을 걸어갈 때 42
내 영혼의 서러움 43
새에게 44
당신에게 45
강인한 꽃 46
걸음걸이 47

48 커피숍
49 기도
50 삼행시
51 고독
52 결혼

3부 사랑 고백

56 사랑 고백
57 해바라기
58 마음의 전달자
59 시선
60 손길
61 좋아하는 죄로
62 사진
63 동행
64 숨바꼭질
65 파랑새의 희망

그런 사람　66
　　　　친구　68
　　　사랑 1　69
　　　사랑 2　70
　나와 나의 동행　71
　　　　커피　72
　하늘은 요술쟁이　73
선풍기와 에어컨의 대화　74
비빔밥과 볶음밥의 대화　76
　　　그리움　78

4부　감사의 조건

　빨래가 춤을 춘다　80
　　　설거지 1　81
　　　설거지 2　82
　비 오는 날의 짜증　83
　　　　보미　84

85 가을
86 내장산
87 소나기
88 잡념
89 여유
90 감사의 조건
92 내가 나에게
93 축복

5부 나의 이야기, 나의 길

96 나의 이야기, 나의 길

| 작품론 |

114 고통과 결핍 극복의 성장 시학 | 강나루

나와 나의 동행

제1부

할아버지의 약속

홍시

"명희야,
할아버지가 홍시 줄까?"
할아버지는 내가
좋아한다고
가을마다 감을 골라
항아리 속에 꼭꼭
넣어두셨대.

빨갛게 익은 감,
볼이 터질 듯 달콤한
홍시가
살얼음을 품고
입속으로 쏘~옥
들어오면,

할아버지 웃음처럼
가을의 맛이 퍼진다.

(1990년 8살의 기억)

할아버지의 약속

할아버지께서 나를 업고
동구밖을 거니시며
"명희야 할애비가 죽으면
하늘 위에서 우리 명희 꼭 낫게 해줄 거야.
그때는 마음껏 뛰어놀아도 돼."

엄마,
할아버지가 돌아가시면
하늘에서도 나를 낫게
해주신다 했는데,
왜 나는 아직 그대로일까?
할아버지가
아직 하늘에 도착하지 못하신 걸까?
엄마는
아무 말씀도 하지 않으셨다.

(1991년 9살 때 기억)

눈물의 김밥

다른 친구들은
김밥과 과자를 싸 들고
소풍 가는 날,

나는 방에 앉아
만화영화를 본다.

엄마는 하루 전,
과자봉지를 사다 놓으시고,
부엌에 앉아
훌쩍이며 김밥을 싸셨다.

(1991년 10살의 기억)

오빠들

우리 막냇동생,
목마 태워주고
비행기 놀이도 해주고,

혹시나 넘어질까
조심스레 업어주고,
작은 손 꼭 잡고
한 발, 또 한 발
발맞춰 걸어간다.

사랑 듬~뿍 받으며
웃음꽃 피우는
우리 막둥이.

(1991년 12살의 기억)

언니들

휴가철,
서울에서 언니들이 내려오면
나는 공주가 된다.

예쁜 옷을 사 와
"이거 입어봐!"
"저것도 입어볼래?"
언니들의 손길 따라
나는 모델이 된다.

초콜릿 한 조각
입에 물고 웃으면
행복이 사르르
녹아내린다.

(1991년 12살의 기억)

운동화

이번엔 너야, 너로 찜했어.
너의 친구들은 내게 와서
하나같이 찢겨 나갔지.
한 달도 못 버티고 말이야.

과연,
너는 얼마나 버틸 수 있을까?

(1991년)

뛰어놀고 싶어요

하나님,
저 아이들은 자유롭게
뛰어 노는데
저도 내 몸인데,
왜 마음대로 안 되나요?
숨이 차도록 달리며
술래잡기,
친구들과 함께
뛰어놀고 싶어요.

(1991년)

왜곡된 시선

나는 반듯하게 걸어가고 있는데,
모든 건물들이 내 앞에서
이리저리 움직여.

(1991년)

학교 가는 길

여기저기 느껴지는
사람들의 시선,
뾰족한 가시가 되어
내 마음을 찔러요.
너무 아파요.

(1992년)

별이 되고 싶어

하늘나라는 어떤
모습일까?
아름다운 꽃들과 새들,
해님이 함께 모여 사는 곳일까?

별 하나가 몰래 내려와
살며시 내 손을 잡아 주었으면.

그 손을 잡고 하늘로 올라
밤하늘에 반짝이는
별이 되고 싶다.

(1992년)

장애

나는 지금 꿈을 꾸고 있는거야,
맞아, 이건 꿈이야.
하룻밤 자고 나면
모든 게 원래대로 돌아오겠지.
그런데 하루가 지나고,
이틀이 지나고,
며칠이 지나도 내 몸은 그대로야.
내 몸에 쌓인 먼지를 털어내듯,
너를 지워내고 싶어.
나는 네가 너무너무 싫어
울며 몸부림친다.

(1992년)

체육시간

나도 운동장을 마음껏
달리고 싶다.
하지만 나에겐
그 자유를 허락하지
않으셨다.

(1992년)

원망

하나님,
왜 저를 이렇게 초라하게
만드셨나요?
왜요?
남들은 보기 좋게, 예쁘게,
흠 하나 없이
만드셨으면서요.

저는 남들처럼
제 뜻대로 할 수 있는 게
하나도 없어요.
너무 힘들어요.
제발, 하나님 곁으로
저를 데려가 주세요.

우리 부모님에겐
저 말고도 자녀가
네 명이나 있으니,
저 하나쯤 없어도
괜찮지 않겠어요?

저는 저녁마다 기도해요.
다음 날 깨어나지 않게 해달라고.
하나님은 기도하면
다 들어주신다면서요.
그런데 왜
제가 간절히 드리는 기도는
들어주시지 않나요?

저도 건강한 몸으로 남들처럼
마음껏 뛰어보고 싶어요.
제가 욕심이 너무 과한가요?

그저,
남들처럼 건강한 몸으로,
친구들과 재미있게 수다도 떨고,
평범한 하루를 살고 싶을 뿐이에요.
남들에겐 평범한 일이
왜 저에겐 이렇게 힘든가요?

(1992년)

하나님 마음을 알고 싶어요

어릴 적,
목사님께서 말씀하셨어요.
하나님께서는 저를
사랑하신다고요
그런데 왜 저를 남들과
다르게 만드셔서,
사람들의 놀림 속에
힘들게 하시나요?
하나님 마음을 알고 싶어요.

(1992년)

통증

내게 오래전부터
매일 찾아오는 손님이 있어요.
싫다고 밀어내도,
내 몸을 감싸며
떠나지 않는 얄미운 손님.
그렇게 나는 당연하게
받아들일 수밖에 없죠.
그래도 감사해요.
참고 견딜 만큼만
아프니까요.

(1993년)

의미

내가 겪고 있는 아픔을
누가 알까요.
내 몸 하나 내 의지대로
하지 못해
좌절하고 상처받는 날,
누가 알아줄까요?

내가 새가 된다면,
넓고 푸른 하늘을
자유롭게 날며
좌절과 상처를
바람과 함께 날려버릴 겁니다.

(1993년)

제2부

나도 치마를 입고 싶다

치마를 입고 싶다

여자들은 바지보다
치마를 더 좋아해.
물론, 다는 아니겠지만
나도 치마를 더 좋아해.

어릴 적엔 엄마가
입혀준 대로 무심코
다녔지만, 내 자신을
알게 된 후부터
치마를 멀리하게 되었어.

사실, 나는 치마를 입고 싶어.
이젠 바지와는 좀 떨어지고 싶어.
그런데 오늘도 나는 바지를
입고 있어.

(1993년)

부모님의 눈물

제 몸 가누지 못한
아이를 들쳐 업고
전국 방방곡곡,
이 병원 저 병원으로
달음질치시는
부모님.

폭포수처럼
흐르는 눈물,
감출 길 없이 흘러내리고,
발길이 닿는 곳마다
가시밭길.

아픈 것도 잊은 채
딸아이를 고치려
몸부림치는 모습.

(1993년)

사진을 찍을 때

사진을 볼 때면,
난 내 모습에
항상 실망감을 느껴.
"내 참모습이 바로 이런 것 이었구나!"

알 수 없는 초라한 느낌.

이런 나이기에 사진을 찍을 땐
긴장을 하게 돼.
좀 더 예쁘게 보이고 싶은
여자의 마음
예쁜 여자이고 싶어.

(1993년)

말은 쉽다

사람들은 말한다.
음성이야 어떻든, 그건
결코 중요치 않다고.
그러면서 정작,
사람들은 또 말한다.
외모보단 내면이 중요하다고,

사람들은 말한다.
여자는 마음만 예쁘면
된다고.
그러면서 정작 본인은?

(1996년)

촛불

하얀,
조그마한 무대 위에서
뜨거운 땀을 흘리며
화려하게 춤을 추고,

객석은 내 춤으로 인해
환하게 빛을 발하고 있어요.

(1993년)

연필

나는 키다리 아저씨,
내 몸 닳아 아파도
아프단 말 못하고,
사랑하는 내 님을 위해
오늘도 "사랑해"라는
말을 남겨요.

(1993년)

직선

나도 평탄한 길을
걷고 싶어
굴곡 있는 길은
싫어.

정~말 싫은데.
그렇지만 어떡해,
내 갈 길은
굵은 곡선이라고
이미 정해진 것을,

(1993년)

거울의 위로

오늘도 변함없이 내 몸에
네가 비추는구나!
음~그런데 왜 얼굴을
찡그리니?
누구든지 내 앞에서는
활짝 웃는 거야.
삐쭉~ 아니아니, 활짝!
그래그래, 활~짝.

예쁘다, 나에게 비추는
사람들 중에서
세상에서 네 모습이 제일
아름다워.
정말?
그럼 내가 언제
거짓말하는 걸 봤니?

(1993년)

계단을 걸어갈 때

나는 내 의지와 상관없이
흔들리는 오뚝이.
계단을 오르고 내려갈 때면
중심을 잡지 못해
항상 공포의 대상이 된다.

(1994년)

내 영혼의 서러움

나에게 바른 외모만 있다면
나에게 고운 음성이라도 있다면
무엇이든지
할 수 있을 텐데

눈물이 흐르고 흘러
고인 얼룩진 가슴은
상처투성이, 쓰라립니다.

바람에 찢겨 날리는
낙엽들처럼
내 모습은
한없이 초라해 보입니다.

(1994년)

새에게

너의 예쁜 날개
한 번만 빌려주라
너의 마법의 날개 달고 자유롭게
날며 동물의 세계도 엿보고,
재잘대며 친구들과 노래도 부르고,
높고 넓은 푸른 하늘을
자유롭게 날아보고 돌려줄게.

(1995년)

당신에게
- 아버지

당신이 그리워질 때,
나는 편지를 씁니다.

잘 계시는지,
어디 아프진 않으신지,

그러나 편지는
결국 보낼 수 없습니다.
왜냐하면 그대는...

(1996년)

강인한 꽃

벼랑 끝에
비바람이 내리치고
사나운 바람이
날 때릴지라도

나는 꿋꿋하게 서 있는
한 떨기의 꽃이 되리라.

(1997년)

걸음걸이

내 옆을 지나는
사람들마다
내가 걸어가는 모습을 보며
표현이 다양하다.

불안불안,
아슬아슬,
위태위태,
비틀비틀,

넘어질 듯하면서도
잘도 걸어가네요.
"잡아드릴까요?"
"괜찮아요. 감사합니다.
혼자 걸어갈 수 있어요."

저는 이렇게
혼자 걸을 수 있어서
얼마나 고마운지 몰라요.

(1998년)

커피숍

백화점을 거닐다
잠시 몸을 녹이려 들어간
커피숍.
창밖으로 펼쳐진 고층
풍경,
감미로운 음악이 흐르고,
친구와 마주 앉아
따뜻한 커피를 마시며
이야기꽃을 피운다.

그때,
마치 약속이라도 한 듯
창밖에 첫눈이 소복소복
아름답게 내린다.

(2000년)

기도

진정 저에게
바다같이 넓은 마음,
신의 성품을 주셔서

어느 누가 저에게
참기 힘든 언어로
마음을 아프게 할지라도,

너그러이 웃어 넘기며
그 사람을 위해
기도 해 줄 수 있는
사람이 되게 하소서.

(2001년)

삼행시

배나무 꽃향기

명희의 마음속에

희망으로 찾아오네.

(2001년)

고독

외로움에 둘러싸인 구석에 앉아,
보랏빛 찻잔에 담긴
외로움과 사랑, 그리움을
저어보지만.

저을수록 허전함만
깊어가고,
내 마음은 고장난
시계추처럼
망상 같은 꿈만 꾸고 있다.

(2002년)

결혼

저는 이 세상에 태어나
주님이 시키시는 대로
장애라는 아픔과 결혼 했죠.

당신과 결혼해
처음엔 힘든 줄 몰라 마냥
행복했습니다.

그땐 몰랐지만,
세월이 흘러
당신과 살다보니
너무나도 힘들고 고된
나날이었습니다.

수많은 사람들이
당신을 보고 놀리고,
재수 없다며 침을 뱉고
당신을 멀리했습니다.

한때는 주님을 원망하며

울었죠.
우린 서로 너무 힘들어
헤어지려 했지만,
우린 헤어질 수 없는 부부.

수많은 아픔과 고통을
겪으며 살았습니다.

남들은 당신을 싫어하고
미워 하지만,
저는 당신을 사랑합니다.

지금도, 그리고 앞으로도
아픔과 고통은 언제나
뒤따르겠지만,

언젠가는 우리부부
환희 웃는 날이 올 거라고 믿으며,
그 꿈을 향해
힘차게 나아가려 합니다. (2002년)

제3부

사랑 고백

사랑 고백

너에게 할 말 있어,
"무슨 말인데?"
짧은 침묵을 깨며,
너에게 속삭이듯 말한다.

내가 널 사랑한 만큼,
너도 날 사랑해 주지 않을래?
내가 널 눈물겹도록
사랑했던 것처럼 말이야.

(2000년)

해바라기

나는 항상 하늘을
우러러 보며
해님을 그리워하며
살고 있어.

(2000년)

마음의 전달자

내 마음 곱게 적어 날려
보낸 종이비행기
그대의 수줍음을, 사랑을
실어 보냈네.
몇 시간, 몇 날이 걸릴까.
하루, 이틀, 보름, 혹시 더
오래 걸릴까.

내 마음 곱게 적어 날린
종이비행기가
그대에게 가는 동안
멈추지 않기를.

(2000년)

시선

나는 너를 바라보고
있는데,
너는 지금 어디를 보고
있는 거니?

(2000년)

손길

그대를 사랑하는 만큼,
그대가 머무는 곳에
내 손길이 닿기를.

(2000년)

좋아하는 죄로

너의 영역을 알면서도
나는 너를 좋아 한다.

그리하여
너를 좋아하는 죄로
내 가슴은
조용히 아파하고 있다.

(2000년)

사진

나 혼자가 아닌
그대와 내가 하나 되어,
네모난 종이 속에
아름답게 그려지고 싶다.

(2000년)

동행

나 외로이
길 걸어가면,
내님은
바람이 되어
나와 함께
동행하네.

(2000년)

숨바꼭질

너, 대체 어디에 숨어있는
거니?
너무 깊이 숨어버려
내가 너를 못 찾는 건지,
아니면
우리의 길이 엇갈려
마주치지 못하는 건지
모르겠다.

시간만 흘러가고 있으니
더는 숨지 말고
지름길로
어서 나와 줘.

(2000년)

파랑새의 희망

사랑하는 나의 반쪽,
그 날개를 찾아서
행복의 둥지로
푸르게 날아가고 싶습니다.

(2000년)

그런 사람

하늘처럼
높고 넓은 마음으로
구름처럼
나의 부족한 부분을
이해하고 덮어주며,
해처럼
따뜻한 가슴으로
나의 모든 걸 사랑해
줄 수 있는 사람.
비처럼
나의 아픈 상처를 씻어주고,
새처럼
아름다운 목소리로
내 영혼을 평안케 해주는 사람.
번개처럼
아주 큰 웃음과
빛나는 날갯짓으로
나의 행복을 지켜줄 수 있는 사람.
나와 아름다운 동행이
되어 줄 사람.

그런 애인
있었음 참 좋겠다.

(2011년)

친구

가진 게 없어도
살며시 다가와 곁을
지켜주는 사람,

내 엉뚱한 말과 행동에도
그저 미소로 화답해 주는
사람,

내가 힘들어 보이면
먼저 손 내밀어
괜찮냐고 물어봐 주는
사람,

부끄러움 없이
그냥 나로서 받아주는
사람.

(2013년)

사랑 1

달콤하다,
입안 가득 퍼지는 꿀처럼.
조용히 스며들며
마음을 적시고,
눈부신 미소를 남긴다.

그러나 때로는 씁쌀한 여운을
남기고
아린 추억을 품는다.
그럼에도,
사랑은 달콤하다.

(2023년)

사랑 2

나의 불완전함까지
온전히 바라봐 주는 사랑.
휘청이는 마음의 그림자 속에도
빛을 내려준 따스한 눈빛

거짓 없는 마음으로
나의 오늘과 내일을 품어주는
그런 사랑이
내 곁에 와준다면,
함께 걷는 길이
더 빛날 것 같아.

(2023년)

나와 나의 동행

웃고 울며 함께 동고동락
하는 너는,
나와 동행하는
나의 일부야.

(2024년)

커피

사랑 한 스푼,
윙크 한 스푼,
미소 한 스푼을
머그컵에 살짝 담고,

기쁨 한 잔 가득 부어
조심스레 저어주면,

솔솔 풍기는 향기 속에
입 안 가득
행복이 번져요.

(2024년)

하늘은 요술쟁이

유리알처럼 맑고
투명하다가
금세 새카맣게 멍들어
눈물 뚝뚝 흘리고,

어느 날은 멍멍이가 되어있고
어느 날은 돌고래가 되어
하늘을 자유롭게
헤엄친다.

(2024년)

선풍기와 에어컨의 대화

선풍기: "올해도 내가 먼저 출동했네! 너는 좀 더 쉬고 있어도 되겠다."

에어컨: "그럼, 그럼. 난 더운 여름의 막바지에 주인공으로 등장하는 게 좋거든. 너도 고생 많잖아."

선풍기: "그래도 요즘은 내가 좀 밀리는 기분이야. 사람들이 너만 찾더라."

에어컨: "뭐, 네 바람처럼 부드럽고 자연스러운 건 못 따라가. 난 그냥 무지막지하게 시원할 뿐이지."

선풍기: "아하, 겸손한 척은. 그래도 우리 둘 다 없으면

여름은 못 버틸 걸?"

에어컨: "맞아. 각자의 자리에서
최선을 다하는 거지. 이번 여름도
잘 해보자고!"

선풍기: "좋아! 협력해서 사람들에게
시원한 여름을 선물하자!"

(2024년)

비빔밥과 볶음밥의 대화

비빔밥: "야, 볶음밥! 넌 왜
그렇게 후라이팬에 자주
눌러붙는 거야? 좀 덜
부담스러우면 안 되니?"

볶음밥: "그게 내 매력이잖아!
뜨겁게 볶아야 감칠맛이 난다고.
넌 그냥 비비기만 해서 재미없지 않아?"

비빔밥: "무슨 소리야?
난 각종 나물과 고명을 조화롭게 섞는
예술이야. 소스 하나로 완벽해지는데!"

볶음밥: "하지만 난 뭐든 다
받아들일 수 있어. 남은 반찬이든,
계란이든 다 잘 어울려!"

비빔밥: "그래도 난 건강한 이미지가 강하지.
고추장에 비타민 가득 나물들까지.
사람들에게 힘도 주고!"

볶음밥: "맞아, 너 나름 웰빙 푸드야.
하지만 가끔은 나처럼 불맛 나는
짜릿한 인생도 필요하지 않겠어?"

비빔밥: "좋아, 각자 매력이 다르니
서로의 스타일을 인정하자. 결국
사람들 입맛 따라 다 좋아하니까."

볶음밥: "그래, 우리 둘 다
누군가의 행복한 한 끼가
되는 건 똑같으니까!"

(2024년)

그리움

하루 종일
그대 모습을 보며,
내 가슴에 묻어두고,
잠 못 이루는 밤
나 그대 생각하네.

(2000년)

제4부

감사의 조건

빨래가 춤을 춘다

아침나절 빨래를 해놓고서
해님과 친구하라고
줄에 널어 놓았더니,

살랑살랑 불어오는
봄바람을 음악 삼아
빨래가 춤을 추며 논다.

(2002년)

설거지 1

네모난 욕조 안에
하얀 거품 풀어 넣고
그릇들 한꺼번에
목욕 시킨다.

그릇, 숟가락, 컵들이
서로 부딪치며 소란을
피운다.
"나 먼저 씻겨 달라!"며
거품 속에서 아우성이다.

깨끗하게 씻긴 그릇과
숟가락,
컵들은 방긋 웃으며
각자의 자리로 돌아간다.
질서 속에 반짝이는 평화.

(1999년)

설거지 2

네모난 작은 욕조에
덩치 큰 나를 목욕시키려니,
원~
이리 쿵, 저리 쿵, 아야!
아프잖아
넌 조심성도 없니?
네 뜻대로 안 된다고
나에게 함부로 할 수 있어?
명희, 너 미워!
가엾은 찜통의 인생,
다음 생에는 밥통으로
태어나자구나.
밥통은 함부로 못 할 것
아니냐?

(1999년)

비 오는 날의 짜증

비 오는 날
약속 있어
화장 예쁘게 하고,
옷을 신경 써 차려입고
나왔는데,

젠장,
지나가는 고물차가
물 튀기고 간다.
확 펑크나 나버려라.

(2013년)

보미

봄에 내 품에 안긴
새하얗고 아주 작은 솜털
같은 아이.
거울을 보며 자긴 줄도 모르고
같이 놀자고 깽깽거린다.

놀아달라며 벌러덩,
밥 달라며 애교를 부린다.
외출 하려하면
나도 데려가 달라며
휠체어에 먼저 올라타
꼬리를 흔들며 애교 부리는 고놈.

(2013년)

가을

오솔길가 코스모스가
춤을 추며 고개 숙여
인사하네.

들녘의 은빛, 금빛이
담긴 보석상자 안에
허수아비가 덩실 덩실
춤을 추며 날 반겨주네.

이른 아침 이슬방울처럼
맑고 고운 노랫소리,
뚜르르~ 뚜르르~
귀뚜라미 사랑 노래 부르네.

(2003년)

내장산

가을 산자락 수놓은
단풍 풍경이 울긋불긋,
고운 옷으로 갈아입는다.

가을바람에 실려 오는
꽃향기가 퍼지고,
계곡 물소리와 새소리가
조화롭게 화음을 이루네.

오가는 사람들 얼굴엔
미소,
즐거운 콧노래가
산자락에 흩날린다.

(2003년)

소나기

네 얼굴에 시름이
가득하구나.
무슨 슬픈 일이 있어
그리도 서럽게 통곡하며
눈물을 쏟아내느냐.

아카시아 꽃 바람에 몸을 떨고,
굵은 너의 눈물
내 뺨을 타고 흘러내리니,
내 마음마저 네 시름에 젖어
우울해지는구나.

(2015년)

잡념

자정은 이미 지났고,
머리는 깨질 듯 아프다.

여유를 가지고 한 잔을
들이키며
잠을 기다리지만,
잠은 오지 않고
머릿속 어딘가를 떠도는
잡념이
나를 괴롭힌다.

(2021년)

여유

이젠 눈물도 식어가고,
웃을 수 있는 여유가 생겼네.

그전엔 아픔과 눈물,
괴로움이
찐득이처럼 나를 따라
다니며
힘들게 굴더니,
이젠 모두 떠나가고
내게 웃을 수 있는
여유가 생겼네.

(2022년)

감사의 조건

비록 시력이 좋지 않지만
하나님이 지으신
아름다운 솜씨를 볼 수 있어
감사합니다.
내가 자유로 호흡할 수 있어
고맙습니다.

비록 말은 잘 못하지만,
귀로 듣고 대화할 수 있음에
마음이 따스해집니다.

내 걸음은 비록 느리지만,
누구 도움 없이 움직일 수 있음에,
나에게 생각할 수 있는
지혜가 있음을 감사합니다.

비록 손은 자유롭지 못하지만,
펜을 잡고 내 마음을 글로 표현
할 수 있음에 행복합니다.

지극히 공평하신 나의 하나님,
사랑하는 님이여!
감사의 조건을 깨달을 수
있도록 나에게 장애를 선물해 주셔서
진심으로 감사합니다.
장애를 통해 저는 일상의
소중함과 감사를
마음 깊이 깨달았습니다.

장애가 없었다면.
감사의 마음을 모르고
모든 것이 당연하다고 여기며
살았을 겁니다.

(2014년)

내가 나에게

사랑해.
왜???
그냥...

전엔 날 싫어했잖아,
창피하다며.

음,
그땐 그랬지.
그런데 말이야,
내가 살아보니까
세상에서 가장 사랑하는
사람은 너야.
난 네가 정말 좋아.
명희야,
정말 사랑해!!

(2022년)

축복

나에게 주신
모든 것들이
주님의 축복입니다.

(2023년)

제5부

나의 이야기, 나의 길

나의 이야기, 나의 길

"언제나 고등학교 졸업장은 제게 닿을 수 없는 꿈처럼 느껴졌습니다.
고등학교 3학년을 다니지 못한 시간은 아쉬움으로 남아 마음 한편을 짓누르고 있습니다."

고등학교 3학년을 다니지 못해 늘 고등학교 졸업장이 아쉬웠습니다. 그때는 어떻게 해야 할지 방법을 몰라서 그저 마음속에 묻어두었죠.

그러던 중, 오방장애인자립센터에서 2박 3일간의 행사가 열렸고, 저도 그 자리에 참석하게 되었습니다.

그때 오방센터에 계신 엄형숙 선생님과 이런저런 이야기를 나누며, 고등학교 졸업장을 갖고 싶어서 몇 번이나 검정고시에 도전했지만 실패했고, 앞으로 어떻게 해야 할지 잘 모르겠다고 말씀드렸습니다. 2박 3일간의 행사를 마치고 집으로 돌아왔습니다.

엄형숙 선생님께서 제 이야기를 박영숙 선생님께 전하신 것 같았습니다.

얼마 지나지 않아, 장애인들이 미처 끝내지 못한 학업을 이어갈 수 있도록 힘써주시는 박영숙 선생님께서 연락을 주셨습니다.

"여보세요."

"명희 씨, 저는 태호 씨의 활동보조인입니다. 명희 씨도 순회교육을 통해 공부할 수 있어요"

"정말요? 감사합니다."

그리고 얼마 후, 다시 한 통의 전화가 걸려왔습니다.

"여보세요?"

"안녕하세요, 은혜학교 교사 김은숙입니다."

"네, 안녕하세요."

"우리 은혜학교 선생님들이 명희 씨를 기억하고 계십니다."

"그러세요? 꽤 오래됐는데 어떻게 다 기억하고 계신가요?"

"명희 씨, 순회교육으로 공부할 수 있어요. 명희 씨 기록을 보니 3학년 초에 자퇴하셨더군요. 1년만 더 공부하시면 졸업할 수 있겠어요."

"네, 알겠습니다."

얼마 후, 김은숙 선생님께 다시 전화가 왔습니다.

"교육청에서 교육이 불가능하다고 하네요. 명희 씨가 직접 교육청에 가서 말씀을 잘해보는 수밖에 없어요."

"네. 그렇게 해볼게요."

그 후, 화요일 오전에 스쿠터를 타고 지하철을 이용해 교육청에 갔습니다. 교육장님을 뵈러 왔다고 말씀드렸지만, 출장 중이라고 하여 담당자와 면담을 하게 되었습니다. 하지만 그분은 어렵다는 쪽으로 말씀하셨고, 저는 힘이 빠져 집으로 돌아왔습니다.

안 될 것 같다는 생각이 들어, 그대로 글을 쓰며 지냈습니다. 며칠 후, 박영숙 선생님께서 전화하셨습니다.

"명희 씨 교육청에서 면담이 잡혔으니 잘 말씀하세요."

"네"

며칠 후, 교육청 면담이 있는 날이 되었습니다.

면담 시간은 오후 3시였지만 저는 2시에 도착해 기다렸습니다.

많은 말이 필요하지 않고, 20분 만에 면담이 끝났습니다. 집으로 돌아와 긴장을 풀고 잠시 쉬었다가, 5시쯤 실로암 송년회에 다녀왔습니다.

저는 컴퓨터 교육을 신청하면 1년에 한두 번 정도 교육을 받습니다. 그런데 이제는 컴퓨터 자격증을 따고 싶다는 욕심이 생겼습니다.

그 길이 험난한 산처럼 느껴지지만, 그래도 도전해 보기로 결심하고 선생님께 말씀드렸습니다.

"선생님, 저도 컴퓨터 자격증 한 번 따고 싶어요."

"하면 되죠. 명희 씨는 잘하는데, 문제는 손이 많이 불편하니까 속도 연습만 하면 돼요. 장애인에게는 시험 시간이 1시간 주어지니까 오타가 없어야 하고, 정확하게 하면서 시간을 맞추는 게 중요해요. 제가 시험을 어떻게 보는지 책을 가져오면, 그때 설명해 줄게요."

"네, 알겠습니다."

저는 열 손가락 중에서 제대로 사용할 수 있는 손이 오른손 중지와 엄지 두 손가락뿐입니다.

가만히 앉아서 타자를 친다 해도 몸은 쉼 없이 흔들리고, 경직이 자주 찾아옵니다. 게다가 목과 허리에 디스크가 있어 통증이 심하고 많이 힘듭니다. 그래서 저는 보통 사람들보다 두세 배는 더 많은 연습이 필요합니다.

그리고 3일 후, 선생님께서 오셨습니다.

선생님이 오시면 차 마시며 이런저런 이야기 나눈 후, 공부를 시작합니다.

"명희 씨, 이 책이에요. 이걸 보고 그대로 하면 됩니다."

선생님께서는 며칠 동안 저에게 자세히 설명해 주셨고, 그 후부터는 제가 혼자서 연습해야 했습니다.

비장애인들이 30분 정도면 끝낼 일을 저는 2시간이 걸립니다. 하지만 컴퓨터 자격증을 꼭 따보겠다는 집념 하나로 끈질기게 노력했습니다.

〈컴퓨터 시간 재며 빨리 치는 연습 중〉

 두 달 가까이 시간을 재며 연습해도 속도는 쉽게 붙지 않았고, 허리와 목은 점점 더 심한 통증을 호소했습니다.
 석 달 정도 지나자 키보드 속도가 붙기 시작했고, 2시간 걸리던 게 1시간으로 줄어들었습니다. 이젠 10분만 더 빨리 치는 연습을 하면 됐습니다. 그런데 몇몇 사람들은 저를 이해할 수 없다는 듯 물어봅니다.
 "직장도 다니지 않는데, 왜 굳이 힘들게 컴퓨터 자격증을 따려고 하세요?"
 저는 이렇게 말을 합니다.
 "제가 할 수 있는 것만 한다면, 솔직히 말해 저는 아무것도 없습니다. 하지만 남들보다 몇 배는 늦고 힘겹더라도, 그 자리에 머무르지 않고 천천히라도 나아가며 내 자신을 발전시키고 싶습니다."라고 말합니다.

오늘은 2019년 한 해의 끝자락입니다.

어제 만들어 놓은 동영상을 아침 일찍 지인들에게 보내고, 아침을 먹으며 TV를 보고 있었습니다. 그때 휴대폰에 저장되어 있지 않은 062로 시작되는 지역 번호가 울렸습니다.

"여보세요?"

"여보세요. 여기 시 교육청 특수교육지원센터입니다. 저번에 심사했던 결과가 나왔는데요. 내년 3월 2일에 은혜학교에 가셔서 출석체크를 하시고 학교에 다닐 수 있습니다."

"네, 감사합니다."

전화를 끊고 저는 정말 기뻤습니다. 모든 일이 잘 될 것만 같았습니다.

타자 치는 시간을 줄이기 위해 연습을 계속했습니다. 컴퓨터 앞에 계속 앉아 연습하는 것은 목 디스크와 허리디스크가 있는 저에게 매우 힘든 일이었습니다. 그래서 오전과 오후에 각각 3시간씩 연습하고 잠시 누워 쉬었습니다. 저녁을 먹은 후에는 반려견 보미와 산책을 하고, 들어와서 잠자기 전까지 3시간을 더 연습한 후 잠에 들었습니다.

컴퓨터 자격증시험이 드디어 오늘로 다가왔습니다. 시험을 보러 가기 전까지 두 번의 연습을 하고, 이른 점심을 먹은 후 시험 볼 장소를 인터넷으로 검색해 보았습니다. 그리고 스쿠터를 타고 출발했습니다.

 시험장에 도착하니 앞에서 이미 다른 사람들은 시험을 보고 있었고, 문 앞에는 많은 사람들이 기다리고 있었습니다. 그들 모두 비장애인이었고, 그 사이에 장애인은 저 혼자였습니다. 시험 시간이 되어 저는 시험장으로 들어가 맨 뒤에 편하게 앉아 감독관님의 설명을 들은 후 시험을 시작했습니다.

 시험시간은 40분이지만, 장애인에게는 20분이 더 주어져 총 1시간이 주어집니다.

 집에서 타자를 빠르고 정확하게 치는 연습을 많이 했지만, 시험이 시작되자 앞사람들이 열 손가락으로 빠르게 중간 정도까지 써 내려가는 모습을 보며 마음이 급해졌습니다. 시간이 흐르고 제 손은 긴장 탓에 순간 경직되어 말을 듣지 않았고, 심한 떨림 속에 허둥지둥하다가 시험을 제대로 치르지 못하고 끝나는 건 아닌지 불안했습니다. 그러나 다행히 곧 안정감을 되찾고 침착하게 다시 키보드 자판을 치기 시작했습니다.

 손가락 하나로 속도를 내며 계속 써 내려갔습니다. 다른 사람들은 40분의 시험 시간을 마치고 모두 나갔지만 저는 남의 시선을 신경 쓰지 않고 수시로 저장하며 집중했습니다. 시간이 거의 다 되어 갈 때 오타가 없는지 확인하고 나서야 안도의 한숨을 내쉴 수 있었습니다. 다행이 제 예상대로 시험이 잘

마무리되었습니다.

  1시간의 시험이 끝난 후, 감독관님이 저에게 "정말 대단하십니다"라고 말씀하셨습니다. 저는 그저 웃음으로 답했습니다. 합격을 할지 아닐지 몰라 아직 좋아하기는 일렀습니다. 저는 집으로 돌아와 편안한 마음으로 낮잠을 잤습니다.

  2020년 새해가 밝았습니다.

  "이번엔 이제 뭘 도전해볼까?"

  항상 무언가를 하고 싶지만, 뜻대로 되지 않았습니다. 며칠이 지나고, 모르는 번호로 전화가 걸려왔습니다. 전화를 받지 않으면 문자로 누구라고 다시 연락이 올 거라고 생각하며 받지 않았고, 그 후 문자 메시지가 왔습니다.

  은혜학교 선생님이셨습니다. 고3 1년 동안 제 담임선생님 되어주실 분이셨습니다. 그런데 다시 선생님께 전화가 걸려와, 저는 선생님께 물어보았습니다.

  "안녕하세요. 명희 씨 1년 동안 담임을 맡을 문유정 선생님이에요."

  "안녕하세요, 선생님. 모르는 번호라서 받지 않았어요."

  "네, 그럴 수 있어요."

  "그런데요, 선생님..."

  "네~"

"교육청에서 학교 개학할 때 학교에 가서 출석체크하고 집에서 수업을 하면 된다고 하셨는데요."

"아니요, 학교에 나오지 않아도 제가 방문해서 수업을 하면 돼요. 그 전에 가정방문도 해야 하니까요."

"네 알겠어요. 선생님 그때 뵐게요."

"네~"

전화를 끊고 점심을 먹은 후, 활동지원사님은 퇴근하셨고, 저는 틈틈이 글을 쓰며 보미와 함께 산책을 나가 나도 운동도 하고 집으로 돌아옵니다.

밖에 나갈 수 없을 때는 집 안에서 보미와 터그놀이를 하며 가벼운 운동을 하고, 집 안 곳곳을 정리하며 하루를 보냅니다.

코로나19는 그 서막에 불과하며 동물바이러스로 인해 코로나가 발생했다고 합니다. 9시 뉴스에서는 신종 코로나가 2019년 12월에 발생했다고 전해집니다. 그래서 그것이 코로나19가 되었고, 그로 인해 마스크를 필수적으로 착용해야 한다고 합니다.

선생님께서 11시쯤 가정방문 오신다고 하셔서 주소를 알려드렸습니다. 처음 오시는 분들은 우리 아파트 입구를 잘 못 찾는 경우가 많다고 하시더군요.

선생님께서도 입구를 찾지 못해 헤매시다가, 입구 쪽으로 나오라고 하셔서 나갔습니다. 그런데 아파트 주변을 두 번 정도 헤매셨다고 하셨습니다.

활동지원사님은 점심 준비를 하고 계셨고, 선생님께서 오셔서 말씀하셨습니다.
"안녕하세요. 저는 명희 은혜학교 담임선생님입니다. 가정방문 왔어요."
"앉으세요. 선생님, 차 한 잔 드릴까요?"
"아니에요, 괜찮아요. 명희야, 이 집에서 명희 혼자 강아지랑 살고, 부모님과 형제분들은 어디에 사시니?"
"아버지는 돌아가셨고, 엄마는 혼자 정읍에 사시고, 언니들은 서울 경기도에, 오빠들은 광주에 살아요."
"그렇구나. 명희야, 학교 다니면 교육청에서 교육지원금도 나오고, 우유도 나오고, 농산물 꾸러미도 나와. 받아서 먹고 잘 먹고, 교육지원금은 명희가 주민센터에 가서 신청하면 돼."
"네."
"그리고 순회교육은 일주일에 두 번만 하면 돼. 와서 명희 얼굴 봤으니까 이제 갈게."
"점심시간인데 식사하시고 가세요, 선생님"
"아니에요, 학교 들어가야 해요."
"명희, 점심 맛있게 먹어."
"네, 선생님 안녕히 가세요."
활동지원사님이 점심을 차려주셔서 우리는 함께 점심을 먹고, 저는 바로 주민센터에 가서 교육지원금 신청한 뒤 집으로 돌아왔습니다.

활동지원사님이 퇴근하신 후, 저는 TV도 보고 책도 읽으며 시간을 보내고, 오후에는 보미와 함께 산책을 나갑니다.

선생님께서 온라인 학습 방법을 카톡으로 보내주셨습니다.

"검색창에 '광주 은혜학교 홈페이지 코로나19, 지혜를 모아 함께 이겨냅시다.'라는 문구가 쓰인 창에 들어가서, '광주e 학습터 온라인 교실'을 클릭하세요. 그중에서 마음에 드는 동영상 강의를 들을 수 있어요. 온라인 학습 지원 서비스 활용 안내를 보면 유치원부터 고등학교까지 다양한 콘텐츠가 있어 선택의 폭이 넓답니다."

"네. 들어가 볼게요."

저는 컴퓨터를 켜고 선생님께서 알려주신 대로 컴퓨터 열고 들어가 공부했습니다.

그런데 선생님의 전화가 걸려왔습니다.

"선생님"

"명희야, 학교에서는 아이들이 우유를 먹거든. 그 우유는 멸균우유야. 그래서 순회 교육을 받는 학생들도 우유를 먹게 되어있어. 그래서 명희 집에도 우유가 갈 거야."

그런데 우유가 온다고 들은 지 시간이 꽤 흘렀는데도 우유가 오지 않아 전화를 걸었습니다.

"여보세요. 우유가 도착했다고 문자는 받았는데, 저희집에는 우유가 아직 오지 않았어요."

"저희는 학교에서 알려준 주소로 보냈는데요."

"어디로 보내셨나요?"

"장덕동 아파트로 보냈는데요."

"왜 그렇게 갔죠? 제가 다시 알아볼게요."

그리고 선생님께 카톡을 남겼습니다.

"선생님, 학교에서 저희 집 주소를 어떻게 알려주셨어요? 오늘 6시쯤에 우유배달이라고 전화가 왔는데, 한참 기다려도 오지 않아서 다시 전화해 보니, 학교에서 알려준 주소인 장덕동 아파트로 배달됐다고 하더라고요."

1시간 후, 선생님께서 전화가 오셨습니다.

"여보세요?"

"명희야, 영양사 선생님께 네 이름과 주소를 드렸는데, 슬기의 주소와 바뀌었나 봐. 내일은 슬기주소로 너희 집으로 갈 거야~"

"네."

다음 날 오전에 우유 한 박스가 도착했고, 저는 바로 선생님께 우유가 도착했다고 카톡으로 말씀드렸습니다.

"선생님, 우유 왔어요. 감사합니다. 잘 먹을게요."

우유를 바로 뜯어서 먹었는데, 맛있었습니다.

저는 활동지원사님과 점심을 먹고 TV를 조금 보

다가, 활동지원사님이 퇴근하신 후 3시쯤 글을 써 내려갔습니다. 하지만 글이 잘 써지지 않고 자꾸 막혔습니다.

그럴 땐 잠시 쉬어주는 것도 나쁘지 않아서, 컴퓨터를 끄고 침대에서 한숨을 잤습니다.

우리 고등학교 3학년 순회 반 학생은 슬기 씨와 저 뿐이라, 수업 일정은 월요일 오전 9시와 화요일 오후 2시였습니다.

화요일 오후 2시에 수업할 때는 활동지원사님이 퇴근하시는 시간을 맞춰도 상관없지만, 월요일 오전 수업할 때는 수업이 끝나는 시간인 11시쯤에 오시라고 말씀드렸습니다.

"이모, 월요일만 11시에 오세요."
"왜? 이모가 있으면 안 돼?"

〈고등학교 순회교육 수업시간〉

"하하, 부끄러워서요."
"이 사람아, 뭐가 부끄러워~하하하, 몰라서 배우는 거지!

알았어, 하하하"
저는 수업하면서 어려운 점도 많지만, 재미있게 배우고 있었습니다.

어느 날 선생님께 전화가 걸려왔습니다. "명희야, 은혜학교에서 학생들에게 보급해주는 생활용품을 나눠주고 있어. 기저귀, 생리대, 물티슈가 있는데 명희는 기저귀 필요 없으니까 생리대랑 보미가 있으니 물티슈는 필요하지?"

"네"
저는 필요한 물품이 생리대와 물티슈라고 말씀드렸더니, 선생님께서 수업하러 오실 때 직접 가져다 주셨습니다.

월요일 오전 9시부터 11시까지 수업을 하고, 수업이 끝날 때쯤 활동지원사님이 오셔서 점시을 준비해 주셨습니다. 점심을 먹고, 청소를 마친 후 활동지원사님은 퇴근하시고, 저는 숙제를 하고 보미와 나갔다가 집으로 돌아옵니다.

그렇게 매일이 쳇바퀴 돌 듯 반복되며 시간이 흘렀습니다.

그리고 드디어 몇 달 전 봤던 컴퓨터 자격증 시험 결과 발표 날이 왔습니다. 합격 통지 날이 되자 저는 인터넷으로 확인하려고 했지만, 너무 떨려서 시도하지 못했습니다. 그래서 컴퓨터 강사님이신 배오덕 선생님께 합격 여부를 확인해 달라고 부탁드렸습니다.

"선생님, 합격 여부를 확인하려고 했는데 잘 안 돼요. 선생님께서 해주실 수 있나요?"

"알겠어요. 명희 씨, 생년월일과 아이디, 비밀번호를 톡으로 보내주세요."

"네."

30분 후, 선생님께서 톡으로 합격증을 보내주시며 축하의 말씀도 전해주셨습니다. 그 순간 저는 기쁨을 감출 수 없었습니다. 힘들고 아픈 시간을 견디며 연습했던 노력은 저를 배신하지 않았습니다.

제 하루는 언제나 일정한 패턴으로 흘러갔습니다. 오후가 되면 보미를 데리고 산책을 나가고, 돌아와서 보미를 씻기곤 했습니다. 이후 시장에 들러 반찬을 사오면 활동지원사님이 깔끔하게냉장고에 반찬을 정리해 주셨고, 퇴근하셨습니다. 저녁 시간에는 제가 스스로 밥상을 차려 식사를 마친 뒤, 밤이 깊어 밖으로 나가기 어려운 시간이 되면, 저는 집 안에서 끝에서 끝까지 50바퀴씩 걸으며 하루를 정리했습니다.

그렇게 걷고 나서 보미와 잠시 놀며 소소한 행복을 나누다 보면, 어느새 피곤함에 몸을 뉘이게 되었습니다. 그제야 마음 한편이 잔잔히 평온해 지며 잠에 들었습니다.

얼마 후, 모르는 번호로 전화가 걸려왔습니다.

"여보세요?"

"여보세요. 배명희 씨 맞으신가요? 택배입니다."

"네. 무슨 택배인가요?"

"자격증 같은데요. 지금 댁에 계시죠?"

"네"

몇 분 후 택배가 도착했고, 저는 서둘러 봉투를 뜯어 자격증을 확인했습니다. 비록 초급이었지만, 그 기쁨은 이루 말할 수 없었습니다.

저는 배오덕 선생님이 아니었다면, 컴퓨터 자격증을 딸 엄두조차 내지 못했을 것입니다.

선생님께서 그러셨습니다.

"명희 씨, 힘들게 해서 자격증 땄으니 아는 분들께 자랑 하세요."

"네, 그런데요, 선생님, 겨우 초급 따놓고 자랑한다고 무시하지 않을까요ㅎㅎ?"

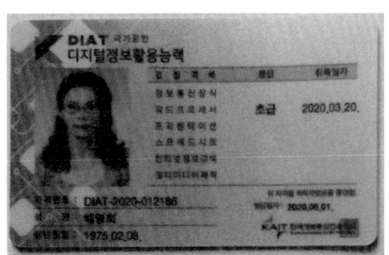

〈워드 프로세서 컴퓨터 자격증〉

선생님께서 말씀하셨습니다.

"명희 씨가 어떻게 해서 컴퓨터 자격증을 땄다는 걸 알면 오히려 대단하다고 할 거예요. 사람들이 명희 씨를 절대 무시하지 못해요. 명희 씨가 초급을 딴 것도 정말 대단한 거예요."

그리고 예전부터 관심이 많았던 정리수납을 공부하고 자격증을 따고 싶었지만 방법을 몰라 배오덕 선생님께 말씀드렸습니다.

이제 컴퓨터 자격증을 딴 후, 코로나19 시기에는 선생님의 도움을 받아 비대면으로 집에서 인터넷으로 공부를 시작했습니다.

시험지를 출력해 공부하고, 인터넷으로 강의를 듣고 시험을 치르며, 마침내 정리수납 자격증도 배오덕 선생님의 도움으로 취득할 수 있었습니다. 그래서 코로나19 기간 3년의 시간은 헛되지 않았습니다.

고등학교 졸업부터 시작해 컴퓨터 자격증, 그리고 정리수납 자격증까지 세 가지를 이뤄낼 수 있었습니다.

"어려움 속에서도 꿈을 포기하지 않는다면, 누구나 자신만의 성취를 이룰 수 있습니다. 제가 지금 걸어가는 속도가 늦더라도 저는 그 길을 걸으며 배운 모든 것을 바탕으로, 앞으로도 계속해서 새로운 꿈을 향해 걸어가겠습니다."

| 작품론 |

고통과 결핍 극복의 성장 시학

강 나 루

| 작품론 |

고통과 결핍 극복의 성장 시학

강 나 루
(시인, 《시와사람》 부주간)

1. 시작하면서

이 시집은 배명희 시인의 유년에서 시작해 40대가 된 최근까지의 기록이다. 단순한 기록을 넘어, 하나의 존재가 성장하는 과정에서 드러나는 서사와 서정을 형상화한 시편들로 이루어져 있다는 점에서 성장시의 형식과 내용을 올곧게 보여준다.

이 작품집은 성장시면서도 특별한 의미를 지닌다. 배명희 시인은 선천적으로 장애를 가지고 태어났으며, 자신의 결핍이라 할 수 있는 장애에 대한 인식에서 시작된 사색을 통해 그것을 극복하는 과정을 보여주고 있기 때문에, 흔히 말하는 성장시와는 그 결이 다르다. 남들과의 다름에서 오는 시적 화자의 고통은 대개 자신으로부터 비롯되는 것이 아니라, 사회적 편견에서 기인한다. 8세 무렵 그것을 자각한 이후 10여 년간 편견을 극복하기 위해 인고의 시간을 보냈다. 이는 누구나 겪을 수 있는 과정이 아니며, 자기 자신과의 싸움 끝에 완성한 성장의 기록이라 할 수 있다.

배명희 시인은 시를 배운 적이 없다. 세간의 시인들처럼 세련된 시어를 구사하지 않는다. 그는 시가 무엇인지 전혀 배운 적이 없기 때문이다. 그러나 그의 꾸밈없는 언어는 독자들에게 친숙하게 다가가며 감동과 공감을 불러일으킨다. 이러한 시적 배경은 시적 발화 과정에서 드러나는 진정성으로 인해 가능해졌다고 볼 수 있다.

이 시집의 시편들은 모두 창작 연도가 말미에 기재되어 있다. 이는 창작일을 기록하는 데 그치지 않고, 시인의 생물학적인 나이와 사고(思考)의 연령을 짐작할 수 있는 단서가 된다. 이를 통해 시인이 그 나이에 어떤 사고와 감정을 품고 있었는지 유추할 수 있다.

2. 태생적 한계로 인한 성장의 고통 발현

유년에는 자신이 장애를 가졌어도 자신과 주변 사람들의 차이를 인식하지 못하기 때문에 사고의 번뇌를 갖지 못했을 것이다. 그러므로 8세의 기억을 재구성한 「홍시」에서 사랑하는 손녀를 위해 "가을마다 감을 골라/ 항아리 속에 꼭꼭/ 넣어두"신 할아버지의 따뜻한 사랑의 감정을 잊지 못한다. "볼이 터질 듯 달콤한/ 홍시가/ 살얼음을 품고/ 입속으로 쏘~옥" 들어왔던 유년의 기억이 그립기만 하다. 이 작품에서는 아직 자신의 결핍에 대해 감각하지 못하기 때문에 해맑은 소녀의 감성이 느껴질 뿐이다.

 그러나 9세의 기억을 되새긴 「할아버지의 약속」에서 처음으로 시적 화자의 성장에 대한 질문을 던진다.

> 할아버지께서 나를 업고
> 동구밖을 거니시며
> "명희야 할애비가 죽으면
> 하늘 위에서 우리 명희 꼭 낫게 해줄 거야.
> 그때는 마음껏 뛰어놀아도 돼."
>
> 엄마,
> 할아버지가 돌아가시면
> 하늘에서도 나를 낫게
> 해주신다 했는데,
> 왜 나는 아직 그대로일까?
> 할아버지가
> 아직 하늘에 도착하지 못하신 걸까?
> 엄마는
> 아무 말씀도 하지 않으셨다.
>   -「할아버지의 약속」전문

이 시집에서 시적 화자는 배명희 시인이다. 자전적 성장 과정을 시적 정서로 형상화한 것이기 때문이다. 이 작품은 시인이 9세 무렵의 기억을 되살려 쓴 것으로, 이미 시적 화자는 자신의 장애를 인식하고 있음을 보여준다.

  할아버지는 생전에 어린 손녀를 업고 다니며 "명희야, 할애비가 죽으면/ 하늘 위에서 우리 명희 꼭 낫게 해줄 거야,/ 그때는 마음껏 뛰어놀아도 돼."라고 이야기했다. 그런데 할아버지가 돌아가신 후에도 배명희 시인의 장애는 여전히 계속된다. 그래서 화자는 엄마에게 "할아버지가 돌아가시면/ 하늘에서 나를 낫게/ 해주신다 했는데,/ 왜 나는 그대로일까?"라고 궁금해한다. 그리고 "할아버지가/ 아직 하늘에 도착하지 못하신 걸까?"라고 묻는다. 그러나 "엄마는/ 아무 말씀도 하지 않으셨다."

  이 작품에서 '하늘'이라는 장소성은 '사람이 죽으면 되돌아가는' 공간을 의미한다. 그렇지만 이러한 생각은 현실을 모르는 시적 화자의 고통을 염려하는 가족의 염원이 깃들어 있지만, 배명희 시인의 성장의 단초가 된다.

  「눈물의 김밥」에서 시인은 학교에서 소풍 가는 날, 방에 앉아 만화영화를 본다. 엄마는 몸이 불편해 소풍 가기 힘든 딸을 위해 "과자봉지를 사다 놓으시고,/ 부엌에 앉아/ 훌쩍이며 김밥을 싸셨다."

「오빠들」에서는 오빠들이 막내 동생을 목마 태워 비행기놀이를 해준다. 넘어질까 봐 손을 잡고 "한 발, 또 한발/ 발맞춰 걸어간다."

「언니들」에서는 휴가 때 서울에서 온 언니들이 예쁜 옷을 사 와 입히고, 초콜릿을 사준다. 이처럼 어머니는 딸 걱정에 시름이 늘어나고, 오빠들과 언니들은 장애를 가진 막내 동생을 위해 온갖 사랑을 베푼다. 이러한 환경의 시적 화자는 온 가족의 관심과 사랑을 받게 된다. 배명희 시인이 12살 무렵의 일이다. 물론 이후로도 가족의 헌신적인 사랑은 계속되지만, 시적 화자의 성장통은 멈추지 않는다.

「뛰어놀고 싶어요」에서는 구체적으로 자신의 장애를 인식하며 고뇌하는 모습을 드러낸다. 시적 화자는 신적 존재에게 "저 아이들은 자유롭게/ 뛰어노는데/ 저도 내 몸인데,/ 왜 마음대로 안 되나요?"라며 원망의 목소리를 낸다. "숨이 차도록 달리며/ 술래잡기,/ 친구들과 함께/ 뛰어놀고 싶"다며 하소연한다.

이 무렵 시인은 "사람들의 시선"을 느낀다. 그 시선은 왜곡된 사회적 편견에서 시작되고, 시적 화자의 자의식에서 비롯되기도 한다. 특히 사람들의 시선이 "뾰족한 가시가 되어/ 내 마음을 찔러요./ 너무 아파요."라고 절규하며 괴로워한다.

다음의 「원망」에서는 자신이 믿는 신적 존재인 절

대자 하나님에게 원망을 쏟아낸다.

하나님,
왜 저를 이렇게 초라하게
만드셨나요?
왜요?
남들은 보기 좋게, 예쁘게,
흠 하나 없이
만드셨으면서요.

저는 남들처럼
제 뜻대로 할 수 있는 게
하나도 없어요.
너무 힘들어요.
제발, 하나님 곁으로
저를 데려가 주세요.

우리 부모님에겐
저 말고도 자녀가
네 명이나 있으니,
저 하나쯤 없어도
괜찮지 않겠어요?

저는 저녁마다 기도해요.
다음 날 깨어나지 않게 해달라고.
하나님은 기도하면
다 들어주신다면서요.

그런데 왜
제가 간절히 드리는 기도는
들어주시지 않나요?

저도 건강한 몸으로 남들처럼
마음껏 뛰어보고 싶어요.
제가 욕심이 너무 과한가요?

그저,
남들처럼 건강한 몸으로,
친구들과 재미있게 수다도 떨고,
평범한 하루를 살고 싶을 뿐이에요.
남들에겐 평범한 일이
왜 저에겐 이렇게 힘든가요?
-「원망」전문

이 작품에는 신적 존재인 '하나님'에 대한 두 가지 시선이 혼재한다. 하나님은 기도와 믿음의 대상인 동시에, 자신의 기도를 들어주지 않은 존재이다. "하나님은 기도하면/ 다 들어주신다면서요/ 그런데 왜/ 제가 간절히 드리는 기도는/ 들어주시지 않나요?"라는 대목에서 보듯 화자는 하나님을 모순적 존재로 인식한다. 그러므로 시적 화자는 하나님에게 원망의 질문을 던진다.

"왜 저를 이렇게 초라하게/ 만드셨나요?// 남들은 보기 좋게, 예쁘게,/ 흠 하나 없이/ 만드셨으면서요."라는 화자의 강한 어조는, "왜요?"라고 하나님께 따지듯 묻는 대목에서 원망의 목소리를 더욱 강하게 드러낸다. 화자는 장애로 태어난 자신과 그로 인해 "제 뜻대로 할 수 있는 게／ 하나도 없"음을 토로하며 "너무 힘들어요."라고 원망한다. 그리고 "제발, 하나님 곁으로 저를 데려가 주"기를 간절히 소원한다. 특히 "저는 저녁마다 기도해요.／ 다음날 깨어나지 않게 해달라고"라고 고백하며, 자신의 고통과 절망을 표출한다.

화자는 사람에게는 평범한 일이 자신에게는 힘겨운 것인지 신적 존재에게 따지듯 묻는다. 그러면서도 신적 존재에 대한 화자의 믿음은 여전하다. "다음날 깨어나지 않게 해달라고" 기도해도 들어주지 않지만, 그럼에도 간절히 기도하는 믿음의 대상으로 남아 있다. 결과적으로 신앙의 끈을 놓지 않은 시적 화자는 훗날 이 믿음이 자신을 지키는 힘으로 작용하게 된다.

배명희 시인에게 10세는 자신의 존재에 대해 본격적으로 사색하고 질문하며, 타자와 자신을 비교하기 시작한 시기였다. 이 시기를 지나면서 세계를 바라보는 시선은 더욱 날카롭고 예민해졌다. 그러나 그러한 사색과 비교 속에서 자신의 운명에 대한 체념과 두려움이 시인의 정신을 지배한다.

「계단」에서는 말 그대로 계단을 오르내릴 때 몸의

중심을 잡지 못해 계단 오르내리는 일이 공포스럽다고 진술한다.

「직선」에서는 시적 화자가 평탄한 길을 걷고 싶다고 토로한다. 그러나 "내 갈 길은/ 굵은 곡선이라고/ 이미 정해진 것을,"이라며 자신의 운명을 체념적으로 받아들이고, 그 길을 두려워한다. 이러한 절망적인 인식은 사춘기가 지날 때까지 지속된다.

앞서 언급했듯이, 배명희 시인의 시적 발화는 장애로 인한 결핍에서 시작된다. 자신의 의지와는 상관없는 태생적 장애로 인해 한동안 결핍이 지속된다. 이러한 과정에서 시적 화자의 인식 태도는 굴절되고 왜곡되며, 이를 시로 형상화하여 특별한 성장시의 형태로 나타난다.

3. 결핍 극복 의지의 성장시

서정시에서 성장시는 보편적으로 시적 화자의 현실 적응 과정에서의 부적응과, 보다 나은 인간으로 서기 위한 정신적 성장통을 보여준다. 그러므로 실존적 고뇌를 거쳐 높은 경지의 정신세계를 지향한다. 그런 까닭에, 성장시는 인생의 어느 한 과정에서만 치열한 삶을 탐구하는 것이 아니라 평생 동안 자기 갱신의 모습을 이어간다. 시인에게 성장시는 숙명이기도 하다 할 것이다.

그러나 배명희 시인의 성장시는 자신과 타인 간의

육체적 다름을 인식한 유년 시절로부터 시작된다. 이러한 인식은 사춘기에 더욱 격화되었다가 생의 어느 지점에 이르러 자신의 다름을 수용하고, 그것이 실존의 커다란 문제가 되지 않음을 깨닫게 되며, 마침내 결핍을 결핍으로 인정하지 않음으로써 극복에 이르게 된다.

배명희 시인이 15세가 되던 해, 「강인한 꽃」에서 처음으로 결핍 극복 의지를 보여준다.

> 벼랑 끝에
> 비바람이 내리치고
> 사나운 바람이
> 날 때릴지라도
>
> 나는 꿋꿋하게 서 있는
> 한 떨기의 꽃이 되리라.
> － 「강인한 꽃」 전문

이 작품은 짧은 형식을 취하고 있지만, 시적 화자의 강인한 의지가 돋보인다. 오랜 시간 방황하던 영혼이 마침내 「강인한 꽃」을 쓸 수 있었음은, 스스로 어찌할 수 없는 장애에 대한 인식의 변화를 가졌기 때문으로 여느 성장시와는 사뭇 다른 특별한 의미를 지닌다. "벼랑 끝에／ 비바람이 내리치고／ 사나운 바람이 날 때릴지라도／／ 나는 꿋꿋하게 서 있는／ 한 떨기의 꽃이 되리라."라고 처음으로 희망적인 시인의 의지를 나타내고 있는 까닭이다.

 이 작품은 높은 수준의 시적 형상화에 이른 것은 아니지만, 결기가 돋보인다. 지금까지 걸어온 발자취에 비추어 볼 때, 앞으로도 직선의 길이 아닌 곡선의 길(「직선」)이 예견되더라도, "벼랑 끝"으로 상징된 그 길을 "비바람이 내리치고/ 사나운 바람이/ 날 때릴" 것이라고 해도 꿋꿋하게 꽃을 피우는 꽃이 될 것이라고 다짐한다. 시련을 은유화한 '벼랑', '비바람'이라는 현실에 굴하지 않는 '한 떨기의 꽃'은 겉으로는 나약해 보일 수 있다. 그러나 '벼랑'과 '비바람'에 맞서는 '한 떨기의 꽃'은 마치 강철처럼 느껴진다.

 이후 배명희 시인의 시는 점점 더 밝아져 장애에 대한 비관적인 사고는 사라지고, 삶을 긍정적으로 인식하는 태도로 변모하기에 이른다.

 「걸음걸이」에서는 시적 화자가 걸어가는 모습을 보며 사람들이 "불안불안,/ 아슬아슬,/ 위태위태,/ 비틀비틀,"하여 "잡아드릴까요?"라고 말을 건다. 이는 염려하는 마음에서 나온 태도이다. 그러나 시적 화자는 "괜찮아요, 감사합니다./ 혼자 걸어갈 수 있어요."라고 대답한다. 그러면서 혼자 걸어갈 수 있음이 참으로 고마운 일이라며 감사하는 마음을 갖는다.

한편, 「기도」에서는 누군가가 시적 화자의 마음을 아프게 하더라도 너그럽게 웃어 넘길 수 있도록, 참기 힘든 언어로 힘들게 하더라도 그 사람을 위해 기도할 수 있는 사람이 되게 해달라고 기도한다.

「내가 나에게」는 시적 화자가 스스로를 바라보는 진정한 마음을 엿보게 한다. 오랫동안 자신의 장애를 결핍으로 바라보았던 시선이 이제는 따뜻한 긍정으로 변한다. "전엔 날 싫어했잖아,/ 창피하다며," 했던 적이 있었지만, "내가 살아보니까/ 세상에서 가장 사랑하는/ 사람은 너야."라고 고백한다. "난 네가 정말 좋아./ 명희야,/ 정말 사랑해!!"라고 자신에게 위로하기에 이른다.

「여유」에서도 "이젠 눈물도 식어가고,/ 웃을 수 있는 여유가 생겼네"라고 편해진 마음을 내비친다. 지옥 같았던 시간들이 고통의 감옥이었다면, 이제는 모두가 누릴 수 있는 보편적인 사고와 행동을 할 수 있게 된 기쁨을 노래한다.

이렇듯 시인의 정신적 변화를 이끈 가장 중요한 요소는 그가 믿고 사랑하는 '하나님'에 대한 믿음이다. 그런 까닭에 「축복」에서 "나에게 주신/ 모든 것들이/ 주님의 축복입니다."라고 기도할 수 있게 된다.

「감사의 조건」에서 보다 구체적인 감정을 고백한다.

비록 시력이 좋지 않지만
하나님이 지으신
아름다운 솜씨를 볼 수 있어
감사합니다.
내가 자유로 호흡할 수 있어
고맙습니다.

비록 말은 잘 못하지만,
귀로 듣고 대화할 수 있음에
마음이 따스해집니다.

내 걸음은 비록 느리지만,
누구 도움 없이 움직일 수 있음에,
나에게 생각할 수 있는
지혜가 있음을 감사합니다.

비록 손은 자유롭지 못하지만,
펜을 잡고 내 마음을 글로 표현
할 수 있음에 행복합니다.

지극히 공평하신 나의 하나님,
사랑하는 님이여!
감사의 조건을 깨달을 수
있도록 나에게 장애를 선물해 주셔서
진심으로 감사합니다.
장애를 통해 저는 일상의
소중함과 감사를

마음 깊이 깨달았습니다.

장애가 없었다면,
감사의 마음을 모르고
모든 것이 당연하다고 여기며
살았을 겁니다.
- 「감사의 조건」 전문

 이 작품은 그동안 시적 화자를 고통스럽게 한 원인으로 인식되었던 육체적 장애를 낱낱이 밝히고 있다. '시력 저하', '언어의 어눌함', '비틀거리는 걸음', '손의 부자유스러움' 등이 바로 그것들이다. 눈이 잘 안 보여 불편했지만, 그것조차 "하나님이 지으신/ 아름다운 솜씨를 볼 수 있어/ 감사합니다."라고 말할 수 있게 되었고, "비록 말은 잘 못하지만,/ 귀로 듣고 대화할 수 있음에/ 마음이 따뜻해집니다."라고 진술하기에 이르렀다.

 뿐만 아니라 "내 걸음은 비록 느리지만," "나에게 생각할 수 있는/ 지혜가 있음을 감사합니다.", "비록 손은 자유롭지 못하지만,/ 펜을 잡고 내 마음을 글로 표현/ 할 수 있음에 행복"하다고 긍정적으로 자신의 마음을 표현한다.

 이러한 마음의 변화를 가능하게 한 대상이 "지극히 공평하신 나의 하나님"이라고 믿는 시적 화자이다. 그는 "감사의 조건을 깨달을 수/ 있도록 나에게 장애를 선물해 주셔서/ 진심으로 감사합니다."라고 감사를 드린다. 이는 "장애를 통해 저는 일상의/ 소중함과 감사를/ 마음 깊이 깨달았습니다."라는 진술에서 드러나듯, 장애를 감사의 조건으로 인식하고 있음이다.

그러나 몸이 성한 사람들 중에서도 여전히 자신은 물론 세계와 불화하며 마음이 편치 못한 경우가 있다. 이런 측면에서 '장애'는 '결핍'이 아니라 축복이자 선물로 받아들이는 배명희 시인의 시는 장애로 인한 성장시는 완성에 이르렀다고 할 수 있다.

4. 사랑과 그리움의 정서

배명희 시인이 '절망' 혹은 '좌절'의 세월을 보낸 것은 자신의 의지와는 상관없는 장애 때문이다. 그는 장애를 결핍으로 인식하였으나, 그것을 극복한 이후에는 지극히 보편적인 사고를 하기에 이른다. 26세 때 쓴 「그리움」은 그 나이에 맞는 그리움의 정서를 시로 형상화한 작품이다. "하루 종일/ 그대 모습을 보며,/ 내 가슴에 묻어두고,/ 잠 못 이루는 밤/ 나 그대 생각하네."라고 노래한 짧은 작품이지만, 마음속에 둔 누군가에 대한 그리움이 잘 드러나 있다.

이 무렵에 쓴 「손길」에서는 "그대를 사랑하는 만큼/ 그대가 머무는 곳에/ 내 손길이 닿기를."이라고 읊으며, 혼자서 바라보는 그리움의 대상에게 자신의 마음이 전해지기를 바라는 순정한 감정을 보여준다.

그러나 「좋아하는 죄로」에서는 "너를 좋아하는 죄" 때문에 "내 가슴은/ 조용히 아파하고 있다."고 토로한다. 또한 "너의 영역을 알면서도/ 나는 너를 좋아한다."고 한 것에서 짐작할 수 있는 것은, 좋아하는 대상이 시적 화자의 사랑을 눈치채지 못했거나, '이루어질 수 없는 사랑'일 가능성이 크다. 그러므로 시적 화자는 그것을 알고 있기에 아파하는 것이다.

이렇듯 시인의 사랑의 감정은 답답한 상황의 연속이다. 그럼에도 시인은 "사랑하는 나의 반쪽./ 그 날개를 찾아서/ 행복의 둥지로/ 푸르게 날아가고 싶"(「파랑새의 희망」)다고 한다.

> 하늘처럼
> 높고 넓은 마음으로
> 구름처럼
> 나의 부족한 부분을
> 이해하고 덮어주며,
> 해처럼
> 따뜻한 가슴으로
> 나의 모든 걸 사랑해
> 줄 수 있는 사람.
> 비처럼

나의 아픈 상처를 씻어주고,
새처럼
아름다운 목소리로
내 영혼을 평안케 해주는 사람.
번개처럼
아주 큰 웃음과
빛나는 날갯짓으로
나의 행복을 지켜줄 수 있는 사람.
나와 아름다운 동행이
되어 줄 사람. 그런 애인
있었음 참 좋겠다.
─「그런 사람」전문

 시적 화자가 기다리는 사람은 '하늘', '구름', '해', '비', '새', '번개' 같은 우주적이고 자연적인 것들이다. "하늘처럼/ 높고 넓은 마음", "구름처럼/ 나의 부족한 부분을 덮어"줄 수 있는 사람, "해처럼/ 따스한 가슴"을 지닌 사람, "비처럼" 상처를 씻어주는 사람, "새처럼/ 아름다운 목소리로" 영혼을 위로해 주는 사람, "번개처럼/ 아주 큰 웃음"을 주는 사람이 "나의 행복을 지켜줄 수 있는 사람"이다. 그래서 "나와 아름다운 동행이/ 되어 줄 사람./ 그런 애인 있었음 참 좋겠다."고 속마음을 드러내는 것이다.
 이 작품은 배명희 시인이 누군가에 대한 사랑과 그리움의 정서를 갖게 된 지 10여 년이 지난 29세

때 쓴 것으로, 참으로 오랜 시간 외로움의 시간을 보낸 시인의 깊은 시름이 배어 있다.

장애로 인한 고통을 극복했지만, 내면 깊숙한 곳에서 "비처럼/ 나의 아픈 상처를 씻어" 줄 사람을 그리워하는 모습에서 보이듯, 여전히 자신의 결핍을 인식하고 있다. 또한 "새처럼/ 아름다운 목소리로/ 내 영혼을 평안케 해주는 사람"을 기다리는 모습에서는 외로운 영혼을 위로받고 싶은 마음이 엿보인다. 그럼에도 이 작품은 이러한 복합적인 정서의 심란함이 누구나 가질 수 있는 것이어서, 지극히 건강한 시인의 정신성을 나타낸다고 하겠다.

다음의 작품 「사랑·1」, 「사랑·2」는 최근 시인의 사랑에 대한 정서가 어떠한 것인지를 잘 보여준다.

> 달콤하다,
> 입안 가득 퍼지는 꿀처럼.
> 조용히 스며들며
> 마음을 적시고,
> 눈부신 미소를 남긴다.
>
> 그러나 때로는 쌉쌀한 여운을
> 남기고
> 아린 추억을 품는다.
> 그럼에도,
> 사랑은 달콤하다.
>
> － 「사랑·1」 전문

나의 불완전함까지
온전히 바라봐 주는 사랑.
휘청이는 마음의 그림자 속에도
빛을 내려준 따스한 눈빛

거짓 없는 마음으로
나의 오늘과 내일을 품어주는
그런 사랑이
내 곁에 와준다면,
함께 걷는 길이
더 빛날 것 같아.

- 「사랑·2」 전문

「사랑·1」은 시적 화자의 '사랑'에 대한 개념과 감정을 형상화한 작품이다. 사랑은 "달콤하다", "씁쓸한 여운"이라는 상반된 감각으로 해석되고 있다. 이는 "입 안 가득 퍼지는 꿀처럼/ 조용히 스며들"어 "마음을 적시"기 때문이고, "아린 추억을 품"기 때문이라고 한다. 사랑의 감정은 그것이 진행되는 동안의 감각이기도 하지만, 사랑이 좌절되었을 때는 "아린 추억"으로 남는 것이어서, 사랑은 여러 가지 모습으로 다가오는 감각적 경험이다. 그럼에도 시적 화자는 "그럼에도,/ 사랑은 달콤하다."고 한다.

「사랑·2」는 사랑의 본질을 노래한 작품이다. "나의 불완전함까지/ 온전히 알아봐주는" 마음이 사랑의 본 모습이라고 한다. 예를 들어, "빛을 내려주는 따스한 눈빛" 같은 것이 바로 그러한 사랑의 실체라는 것이다. 더불어 사랑은 "거짓 없는 마음"이어서 "나의 오늘과 내일을 품어주는" 마음이며, 현재는 물론 자신의 미래까지 온전하게 함께 해주는 마음이라고 시적 화자는 말한다. 그래서 "그런 사랑이/ 내 곁에 와준다면,/ 함께 걷는 길이/ 더 빛날" 것 같다고 고백한다.

살펴보았듯이, 배명희 시인은 오랜 시간 자신과 동행할 사랑을 기다리고 있다. 그러나 "나의 불완전함까지/ 온전히 바라봐 주는 사랑"이라고 밝힌 것에서 짐작할 수 있듯이, 이는 자신의 장애에 대한 인식을 염두에 두고 있는 것으로 보인다. 그런 까닭에 오랜 시간 진정한 사랑을 기다리고 있는 것이다.

5. 나가면서

배명희 시인의 시집 『나와 나의 동행』은 자신의 장애를 결핍으로 인식하는 데서 시적 발화를 한다. 시인은 다른 사람들과의 육체적 다름에서 비롯된 자기와의 갈등, 그리고 장애를 바라보는 사회의 왜곡된 시선에서 느껴지는 따가움으로 인해, 절망과 좌절, 분노의 정서가 그의 삶에 오랫동안 머물렀음을 작품 속에서 드러낸다. 그러나 마침내 성숙한 인간으로 성장하며, 참된 인간의 본질에 다가가는 모습을 보여준다. 이러한 성장의 과정은 단순히 인내와 고통을 넘어, 스스로의 노력과 더불어 기독 신앙이 뒷받침되었기 때문에 가능했음을 알 수 있다.

그럼에도 불구하고 시인은 인간적인 그리움과 누군가를 향한 뜨거운 마음을 통해 여전히 성장의 과정을 겪고 있다. 육체적 장애의 극복 과정에서 치열하게 맞섰던 고통을 통해 성숙에 이르렀지만, 사랑과 관계에서의 성장통은 여전히 그의 삶 속에서 지속되고 있다. 그러나 이러한 인간적 고독은 누구도 피할 수 없는 삶의 일부이며, 이는 인간의 본성과 본질적인 정서를 드러낸다. 따라서 시인이 고독과 성장통을 기꺼이 겪고 받아들임으로써 또 다른 성숙에 이르기를 기대하며, 그의 시 속에서 그 과정이 계속될 것임을 소망하게 한다.

나와 나의 동행

2025년 2월 20일 인쇄
2025년 2월 25일 발행

지은이 배명희

펴낸이 강경호 편집장 강나루 디자인 정찬애
펴낸곳 도서출판 시와사람
등록 1994년 6월 10일 제 05-01-0155호
주소 광주시 동구 양림로 119번길 21-1(학동)
전화 (062)224-5319   E-mail jcapoet@hanmail.net

ISBN 978-89-5665-757-8 03810

공급처 ■ 한국출판협동조합
경기도 파주시 탄현면 오금로 30
주문전화 (02)716- 5616, 070- 7119- 1740

· 잘못된 책은 구입하신 서점에서 바꾸어 드립니다.

이 도서의 국립중앙도서관 출판예정도서목록(CIP)은
서지정보유통지원시스템 홈페이지(http://seoji.nl.go.kr)와
국가자료종합목록 구축시스템(http://kolis-net.nl.go.kr)에서
이용할 수 있습니다.